LE DEVIN DU VILLAGE,

INTERMÉDE,

REPRÉSENTÉ A FONTAINEBLEAU

DEVANT LE ROY,

Les 18 & 24 Octobre 1752. & à PARIS,

PAR L'ACADÉMIE ROYALE

DE MUSIQUE,

Le Jeudy premier Mars 1753.

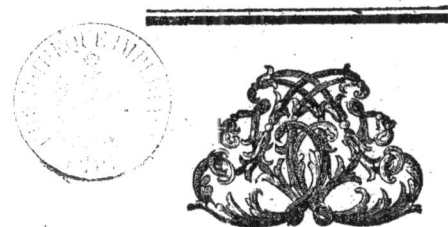

AUX DÉPENS DE L'ACADÉMIE.

PARIS, Chez la V. DELORMEL & FILS, Imprimeur de ladite Académie, rue du Foin, à l'Image Ste. Geneviéve.

On trouvera des Livres de Paroles à la Salle de l'Opéra.

M. DCC. LIII.
AVEC APPROBATION ET PRIVILEGE DU ROY.

Les Paroles & la Musique sont de M. ROUSSEAU.

A MONSIEUR
DUCLOS,
HISTORIOGRAPHE
DE FRANCE,
L'un des Quarante de l'Académie Françoise,
& de celle des Belles-Lettres.

Souffrez, Monsieur, que votre nom soit à la tête de cet Ouvrage, qui sans vous n'eut point vû le jour. Ce sera ma premiere & unique Dédicace : Puisse-t'elle vous faire autant d'honneur qu'à moi.

Je suis de tout mon cœur, Monsieur,

Votre très-humble, & très-
obéissant Serviteur,
J. J. Rousseau.

A ij

ACTEURS CHANTANS
Dans les Chœurs.

Côté du Roi.		Côté de la Reine.	
Mesdemoiselles.	*Messieurs.*	*Mesdemoiselles.*	*Messieurs.*
Dun.	Lefebvre.	Rollet.	S. Martin.
Tulou.	Le Page, C.	Daliere.	Gratin.
Delorge.	Marotte.	Masson.	Le Mesle.
Larcher.	Levesque.	Gondré.	Chaboud.
Cazeau.	Fel.	Héry.	Le Vasseur.
LeTourneur	Le Roy.	Duval. 1re.	Chapotin.
La Croix.	Selle.	Sallaville.	Favier.
Duval. 2e.	Roze.	Adelaïde.	Feret.
Gaultier.	Robin.	Lachanterie	Du Perrier.
De S. Hilaire	Antheaume.	Dauger.	Lombard.
Beyssac.			Laurent.

ACTEURS.

COLIN.	M^r. Jeliote.
COLETTE.	Mlle Fel.
LE DEVIN.	M^r. Cuvillier.

TROUPE DE JEUNES GENS DU VILLAGE.

PERSONNAGES DANSANS.

LA JEUNESSE.

M^{rs}. Gallini, Hamoche, Caiez, Beat.
Mlles. Chevrier, Sauvage, Deschamps, Raymond.

PASTOURELLES.

Mlle. Vestris.

Mlles. Beaufort, Courcelles, Dazenoncour, Ponchon.

VILLAGEOIS.

M^{r}. Lany.

M^{rs}. Feuillade, Hyacinte, Gobert, Desplaces, c.

PANTOMIME.

M^{r}. Lany, Mlle. Ray, M^{r}. Vestris, en Chasseur.

LE DEVIN
DU VILLAGE,
INTERMÉDE.

Le Théâtre représente d'un côté la Maison du Devin, de l'autre des Arbres & des Fontaines, & dans le fond un Hameau.

SCENE PREMIERE.

COLETTE *soupirant, & s'essuyant les yeux de son Tablier.*

J'Ai perdu tout mon bonheur ;
J'ai perdu mon serviteur ;
Colin me délaisse.

Hélas, il a pû changer !
Je voudrois n'y plus fonger :
J'y fonge fans ceffe.

J'ai perdu mon ferviteur ;
J'ai perdu tout mon bonheur,
Colin me délaiffe.

Il m'aimoit autrefois, & ce fut mon malheur.
Mais quelle eft donc celle qu'il me préfere !
Elle eft donc bien charmante ! imprudente Bergere,
Ne crains-tu point les maux que j'éprouve en ce jour?
Colin m'a pu changer ; tu peux avoir ton tour.

Que me fert d'y rêver fans ceffe ?
Rien ne peut guérir mon amour ,
Et tout augmente ma trifteffe.

J'ai perdu mon ferviteur ;
J'ai perdu tout mon bonheur,
Colin me délaiffe.

Je veux le haïr.... je le dois....
Peut-être il m'aime encor... pourquoi me fuir fans
ceffe ?
Il me cherchoit tant autrefois.

Le Devin du Canton fait ici fa demeure ;
Il fçait tout ; il fçaura le fort de mon amour :
Je le vois, & je veux m'éclaircir en ce jour.

SCENE II.
LE DEVIN, COLETTE.

Tandis que le DEVIN s'avance gravement, COLETTE compte dans sa main de la monnoye ; puis elle la plie dans un papier, & la présente au DEVIN, après avoir un peu hésité à l'aborder.

COLETTE *d'un air timide.*

Perdrai-je Colin sans retour ?
Dites-moi s'il faut que je meure.

LE DEVIN *gravement.*

Je lis dans votre cœur, & j'ai lû dans le sien.

COLETTE.

O Dieux !

LE DEVIN.

Modérez-vous.

COLETTE.

Eh bien ?

Colin......

LE DEVIN.

Vous est infidéle.

COLETTE.
Je me meurs.
LE DEVIN.
Et pourtant, il vous aime toûjours.
COLETTE *vivement*.
Que dites-vous ?
LE DEVIN.
Plus adroite & moins belle,
La Dame de ces lieux.......
COLETTE.
Il me quitte pour elle!
LE DEVIN.
Je vous l'ai déja dit, il vous aime toûjours.
COLETTE *triſtement*.
Et toujours il me fuit.
LE DEVIN.
Comptez ſur mon ſecours.

Je prétends à vos pieds ramener le volage.
Colin veut être brave, il aime à ſe parer :
Sa vanité vous a fait un outrage
    Que ſon amour doit réparer.

INTERMÉDE.
COLETTE.

Si des Galans de la Ville
J'euſſe écouté les diſcours,
Ah! qu'il m'eut été facile
De former d'autres amours!

Miſe en riche Demoiſelle
Je brillerois tous les jours;
De rubans & de dentelle
Je chargerois mes atours.

Pour l'amour de l'infidélle
J'ai refuſé mon bonheur,
J'aimois mieux être moins belle
Et lui conſerver mon cœur.

LE DEVIN.

Je vous rendrai le ſien, ce ſera mon ouvrage.
Vous, à le mieux garder appliquez tous vos ſoins;
Pour vous faire aimer d'avantage,
Feignez d'aimer un peu moins.

L'Amour croit s'il s'inquiette;
Il s'endort s'il eſt content:
La Bergere un peu coquette
Rend le Berger plus conſtant.

COLETTE.

A vós sages leçons Colette s'abandonne.

LE DEVIN.

Avec Colin prenez un autre ton.

COLETTE.

Je feindrai d'imiter l'exemple qu'il me donne.

LE DEVIN.

Ne l'imitez pas tout de bon ;
Mais qu'il ne puisse le connoître.
Mon art m'apprend qu'il va paroître,
Je vous appellerai quand il en sera tems.

SCENE III.
LE DEVIN.

J'Ai tout fçu de Colin, & ces pauvres enfans
Admirent tous les deux la fcience profonde
Qui me fait deviner tout ce qu'il m'ont appris.
Leur amour à propos en ce jour me feconde ;
En les rendant heureux, il faut que je confonde
De la Dame du lieu les airs & les mépris.

SCENE IV.
LE DEVIN, COLIN.
COLIN.

L'Amour & vos leçons m'ont enfin rendu fage ;
Je préfére Colette à des biens fuperflus :
Je fçus lui plaire en habit de village ;
Sous un habit doré qu'obtiendrois-je de plus ?
LE DEVIN.
Colin il n'eft plus tems, & Colette t'oublie.
COLIN.
Elle m'oublie, ô Ciel ! Colette a pû changer !

B iij

LE DEVIN.

Elle est femme, jeune & jolie ;
Manqueroit-elle à se venger ?

COLIN.

Non, Colette n'est point trompeuse ;
Elle m'a promis sa foi :
Peut-elle être l'Amoureuse
D'un autre Berger que moi ?

LE DEVIN.

Ce n'est point un Berger qu'elle préfére à toi,
C'est un beau Monsieur de la Ville.

COLIN.

Qui vous l'a dit ?

LE DEVIN *avec emphase.*

Mon Art.

COLIN.

Je n'en saurois douter.
Hélas qu'il m'en va couter
Pour avoir été trop facile !
Aurois-je donc perdu Colette sans retour ?

LE DEVIN.

On sert mal à la fois la Fortune & l'Amour.
D'être si beau Garçon quelquefois il en coûte.

INTERMÉDE.

COLIN.

De grace, apprenez-moi le moyen d'éviter
Le coup affreux que je redoute.

LE DEVIN.

Laisse-moi seul un moment consulter.

Le Devin tire de sa poche un Livre de grimoire & un petit bâton de Jacob avec lesquels il fait un charme. De jeunes Paysannes qui venoient le consulter, laissent tomber leurs présens, & se sauvent tout effrayées en voyant ses contorsions.

LE DEVIN.

Le charme est fait. Colette en ce lieu va se rendre ;
Il faut ici l'attendre.

COLIN.

A l'appaiser pourrai-je parvenir ?
Hélas ! voudra-t'elle m'entendre ?

LE DEVIN.

Avec un cœur fidéle & tendre
On a droit de tout obtenir.

à part.
Sur ce qu'elle doit dire allons la prévenir.

SCENE V.
COLIN.

JE vais revoir ma charmante Maîtresse.
Adieu châteaux, grandeurs, richesse,
Votre éclat ne me tente plus ;
Si mes pleurs, mes soins assidus
Peuvent toucher ce que j'adore,
Je vous verrai renaître encore
Doux momens que j'ai perdus.

Quand on sçait aimer & plaire
A-t'on besoin d'autre bien !
Rend-moi ton cœur ma Bergere,
Colin t'a rendu le sien.

Mon chalumeau, ma houlette
Soyez mes seules grandeurs ;
Ma parure est ma Colette,
Mes trésors sont ses faveurs.

Que de Seigneurs d'importance
Voudroient bien avoir sa foi !
Malgré toute leur puissance,
Ils sont moins heureux que moi.

SCENE VI.
COLIN, COLETTE parée.

COLIN à part.

JE l'apperçois... Je tremble en m'offrant à sa vûe...
.... Sauvons-nous. .... Je la perds si je fuis. ....

COLETTE à part.

Il me voit...... Que je suis émue !
Le cœur me bat.....

COLIN.

Je ne sçais où j'en suis.

COLETTE.

Trop près sans y songer je me suis approchée.

COLIN.

Je ne puis m'en dédire, il la faut aborder.

A Colette d'un ton radouci, & d'un air moitié riant, moitié embarassé.

Ma Colette.... êtes vous fâchée ?
Je suis Colin : daignez me regarder.

COLETTE.

Colin m'aimoit ; Colin m'étoit fidele :
Je vous regarde, & ne vois plus Colin.

C

COLIN.

Mon cœur n'a point changé ; mon erreur trop cruelle
Venoit d'un sort jetté par quelque esprit malin :
Le Devin l'a détruit ; je suis, malgré l'envie,
Toujours Colin, toujours plus amoureux.

COLETTE.

Par un sort, à mon tour, je me sens poursuivie.
Le Devin n'y peut rien.

COLIN.

              Que je suis malheureux !

COLETTE.

D'un Amant plus constant....

COLIN.

              Ah de ma mort suivie
Votre infidelité.....

COLETTE.

              Vos soins sont superflus ;
Non, Colin, je ne t'aime plus.

COLIN.

Ta foi ne m'est point ravie ;
Non, consulte mieux ton cœur :
Toi-même en m'ôtant la vie
Tu perdrois tout ton bonheur.

INTERMÉDE.
COLETTE.
à part. *à Colin.*

Hélas ! Non vous m'avez trahie,
Vos soins sont superflus :
Non, Colin, je ne t'aime plus.

COLIN.

C'en est donc fait ; vous voulez que je meure ;
Et je vais pour jamais m'éloigner du hameau.
COLETTE *rappellant Colin qui s'éloigne lentement.*
Colin ?
COLIN.
Quoi ?
COLETTE.
Tu me fuis ?
COLIN.
Faut-il que je demeure
Pour vous voir un Amant nouveau ?
COLETTE.
Tant qu'à mon Colin j'ai sçu plaire,
Mon sort combloit mes desirs.
COLIN.
Quand je plaisois à ma Bergere,
Je vivois dans les plaisirs.

COLETTE.
Depuis que son cœur me méprise
Un autre a gâgné le mien.
COLIN.
Aprés le doux nœud quelle brise
Seroit-il un autre bien ?
D'un ton pénétré.
Ma Colette se dégage !
COLETTE.
Je crains un Amant volage ;
ENSEMBLE.
Je me dégage à mon tour.
Mon cœur, devenu paisible,
Oubliera, s'il est possible,
Que tu lui fus { cher / chere } un jour.
COLIN.
Quelque bonheur qu'on me promette
Dans les nœuds qui me sont offerts,
J'eusse encor préferé Colette
A tous les biens de l'Univers.
COLETTE.
Quoi qu'un Seigneur jeune, aimable,
Me parle aujourd'hui d'Amour,
Colin m'eût semblé préférable
A tout l'éclat de la Cour.

INTERMÉDE.

COLIN *tendrement.*

Ah Colette!

COLETTE *avec un soupir.*

Ah ! Berger volage,
Faut-il t'aimer malgré moi ?

Colin se jette aux pieds de Colette ; elle lui fait remarquer à son chapeau un Ruban fort riche qu'il a reçu de la Dame : Colin le jette avec dédain. Colette lui en donne un plus simple, dont elle étoit parée, & qu'il reçoit avec transport.

ENSEMBLE.

A jamais Colin { je t'engage
{ t'engage

{ Mon   { ma foi
{ Son cœur & { sa

Qu'un doux mariage
M'unisse avec toi.
Aimons toujours sans partage
Que l'Amour soit notre loi.

A jamais, &c.

SCENE VII.
LE DEVIN, COLIN, COLETTE.

LE DEVIN.

JE vous ai délivrés d'un cruel maléfice ;
Vous vous aimez encor malgré les envieux.

COLIN.

Ils offrent chacun un préfent au Devin.

Quel don pourroit jamais payer un tel fervice ?

LE DEVIN recevant des deux mains.

Je fuis affez payé fi vous êtes heureux.

Venez jeunes Garçons, venez aimables Filles,
Raffemblés vous, venez les imiter ;
Venez galans Bergers, venez beautés gentilles
En chantant leur bonheur apprendre à le gouter.

SCENE DERNIERE.

LE DEVIN, COLIN, COLETTE.
Garçons & Filles du Village.

CHŒUR.

Colin revient à fa Bergere ;
Célébrons un retour fi beau.
Que leur amitié fincere
Soit un charme toujours nouveau.

Du Devin de notre Village
Chantons le pouvoir éclatant :
Il ramene un Amant volage,
Et le rend heureux & conftant.

On danfe.

INTERMÉDE.
COLIN.
ROMANCE.

Dans ma cabane obscure
Toujours soucis nouveaux;
Vent, Soleil, ou froidure,
Toujours peine & travaux.
Colette ma Bergere
Si tu viens l'habiter,
Colin dans sa chaumiere
N'a rien à regretter.

Des champs, de la prairie
Retournant chaque soir,
Chaque soir plus chérie
Je viendrai te revoir :
Du Soleil dans nos plaines
Devançant le retour,
Je charmerai mes peines
En chantant notre Amour.

PANTOMIME.
LE DEVIN.

Il faut tous à l'envi
Nous signaler ici;
Si je ne puis sauter ainsi,
Je dirai pour ma part une Chanson nouvelle.

Il tire une Chanson de sa poche.

I.

L'Art à l'Amour est favorable,
Et sans art l'Amour sçait charmer ;
A la Ville on est plus aimable,
Au Village on sçait mieux aimer :
 Ah ! pour l'ordinaire
 L'Amour ne sçait guere,
Ce qu'il permet, ce qu'il défend ;
C'est un Enfant, c'est un Enfant.

 COLIN répéte le refrain.

 Ah ! pour l'ordinaire,
 L'Amour ne sçait guere
Ce qu'il permet ce qu'il défend ;
C'est un Enfant, c'est un Enfant.

Regardant la Chanson.
Elle a d'autres Couplets ! je la trouve assez belle.

 COLETTE avec empressement.

Voyons, voyons, nous chanterons aussi.
    (*Elle prend la Chanson.*)

II.

Ici de la simple Nature,
L'Amour suit la naïveté ;
En d'autres lieux de la parure
Il cherche l'éclat emprunté.

      Ah !

INTERMÉDE.

Ah! pour l'ordinaire,
L'Amour ne sçait guere
Ce qu'il permet, ce qu'il défend;
C'est un Enfant, c'est un Enfant.

CHŒUR.

C'est un Enfant, c'est un Enfant.

COLIN.

III.

Souvent une flâme chérie
Est celle d'un cœur ingénû :
Souvent par la coquetterie
Un cœur volage est retenu.
 Ah! pour l'ordinaire, &c.
 (*à la fin de chaque Couplet, le Chœur
 répéte toûjours ce vers.*)

C'est un Enfant, c'est un Enfant.

LE DEVIN.

IV.

L'Amour selon sa fantaisie,
Ordonne & dispose de nous :
Ce Dieu permet la jalousie,
Et ce Dieu punit les jaloux.
 Ah! pour l'ordinaire, &c.

COLIN.
V.

A voltiger de belle en belle,
On perd souvent l'heureux instant;
Souvent un Berger trop fidelle
Est moins aimé qu'un inconstant.
  Ah ! pour l'ordinaire, &c.

COLETTE.
VI.

A son caprice on est en butte,
Il veut les ris, il veut les pleurs;
Par les.... par les....

COLIN lui aidant à lire.

Par les rigueurs on le rebutte.

COLETTE.

On l'affoiblit par les faveurs.

ENSEMBLE.

Ah ! pour l'ordinaire,
L'Amour ne sçait guere
Ce qu'il permet, ce qu'il défend;
C'est un Enfant, c'est un Enfant.

CHŒUR.

C'est un Enfant, c'est un Enfant.

On danse.

INTERMÉDE.
COLETTE.
Avec l'objet de mes amours,
Rien ne m'afflige, tout m'enchante ;
Sans cesse il rit, toûjours je chante :
C'est une chaîne d'heureux jours.

Quand on sçait bien aimer, que la vie est charmante !
Tel, au milieu des fleurs qui brillent sur son cours,
Un doux ruisseau coule & serpente.
Quand on sçait bien aimer, que la vie est charmante !

On danse.
COLETTE.
Allons danser sous les ormeaux,
Animez-vous jeunes fillettes :
Allons danser sous les ormeaux,
Galans prenez vos chalumeaux.

LES VILLAGEOISES *répètent ces 4 vers.*
COLETTE.
Répétons mille chansonnettes,
Et pour avoir le cœur joyeux,
Dansons avec nos amoureux,
Mais n'y restons jamais seulettes.
Allons danser sous les ormeaux, &c.

LE DEVIN DU VILLAGE,

LES VILLAGEOISES.

Allons danser sous les ormeaux, &c.

COLETTE.

A la Ville on fait bien plus de fracas;
Mais sont-ils aussi gais dans leurs ébats ?
Toujours contens,
Toujours chantans;
Beauté sans fard,
Plaisir sans art;
Tous leurs Concerts valent-ils nos musettes ?
Allons danser sous les ormeaux, &c.

LES VILLAGEOISES.

Allons danser sous les ormeaux, &c.

FIN.

APPROBATION.

J'Ai lû par ordre de Monseigneur le Chancelier *le Devin de Village*, & je n'y ai rien trouvé qui doive en empêcher l'impression. A Versailles, ce cinq Février 1753.

DEMONCRIF.

www.ingramcontent.com/pod-product-compliance
Lightning Source LLC
Chambersburg PA
CBHW060630050426
42451CB00012B/2511